Jörg Hajt / Berthold Vatteroth

Hessen-Thüringen

Lokomotiven und Landschaften

HEEL

16
4

Jörg Hajt / Berthold Vatteroth

Hessen-Thüringen

Lokomotiven und Landschaften

HEEL

Impressum

HEEL-Verlag GmbH
Wintermühlenhof
53639 Königswinter
Tel.: 0 22 23/92 30-0
Fax: 0 22 23/92 30-26

Verantwortlich für den Inhalt:
Jörg Hajt / Berthold Vatteroth

Übersichtskarte:
Silvia Steinert
Buchgestaltung und Satz:
Fotosatz Hoffmann, Winterscheid
Reproarbeiten:
Repro Marx, Bonn
Druck:
Proost, Turnhout

Printed in Belgium

ISBN: 3-89365-504-2

Inhaltsverzeichnis

Vorwort 6

Vom Odenwald zur Lahn 8

Durch das Hessische Bergland 26

An Fulda und Werra 44

Im Thüringer Wald 60

Von der Saale zur Elster 84

Durch das Thüringer Becken ins Eichsfeld 108

Südwärts zur Rhön 132

Übersichtskarte 144

Vorwort

Seit der Wiedervereinigung im Jahre 1990 hat sich das Bild der deutschen Bahnen nachhaltig gewandelt. Deutsche Bundesbahn und Deutsche Reichsbahn verschmolzen im Zuge der Privatisierung zu einer Aktiengesellschaft; NE-Bahnen drängen im Vorfeld der geplanten Regionalisierung in den Personennah- und Güterverkehr. Für Eisenbahnfreunde bietet dieser Wandel eine Fülle an neuen Fotomotiven, bedingt aber auch den Abschied von stillgelegten Strecken und ausgemusterten Altfahrzeugen.

Die Länder Hessen und Thüringen sind hier ein typisches Beispiel für das Zusammenwachsen der bahneigenen Infrastruktur. Bildeten beide Länder einst den größten innerdeutschen Grenzraum, rückten sie nach der Wiedervereinigung in den geographischen Mittelpunkt der Bundesrepublik. Dies erforderte nicht nur die Wiederbelebung historisch gewachsener Beziehungen, sondern auch ein intaktes Eisenbahnnetz. Zahllose Reichsbahnstrecken mußten daher aufwendig saniert und der Lückenschluß mit den DB-Gleisen vollzogen werden. Schon bald gehörte die Typenvielfalt beider Bahnverwaltungen in West und Ost zum gewohnten Bild, wenngleich in der Fläche weiterhin nur »einheimische« Baureihen zum Einsatz kamen und so jede Region mit einem besonderen Reiz behafteten. Durch die fortlaufende Ablieferung von Neubaufahrzeugen und die farbliche Anpassung des vorhandenen Rollmaterials geht dieser Reiz jedoch mehr und mehr verloren.

Die Absicht des vorliegenden Buches ist es, einen repräsentativen Querschnitt des deutschdeutschen Zusammenwachsens auf der Schiene zu vermitteln. Auf eine bloße Aneinanderreihung aller vorhandenen Kursbuchstrecken in den behandelten Regionen wurde dabei verzichtet. Die Schönheit der Landschaft möge dem Leser Anregung zu eigenen Fotoexkursionen geben.

Herten und Bochum,
im Januar 1996

Umschlag-Vorderseite:
Frisch hauptuntersucht und infolgedessen neu lackiert brummt 202 238-2 mit dem N 3034 am 6. Mai 1992 von Saalfeld nach Leipzig-Leutzsch bei Unterwellenborn durch die Frühlingslandschaft.

Umschlag-Rückseite:
Nach einer kurzen Episode in den Lufthansa-Farben präsentiert sich 103 101-2 heute wieder im aktuellen Look der Deutschen Bahn AG. Am 24. Juli 1995 ist sie mit einem Interregio bei Niederwalgern unterwegs.

Abb. S. 2:
Herbststimmung in Nordhessen: Vor der Kulisse des Solling hat 228 686-2 am 19. Oktober 1993 den Einfahrbereich des Bahnhofs Bad Karlshafen erreicht. Heute ist der Einsatz der formschönen Lokomotiven im Wesertal bereits Geschichte.

Abb. rechts:
Winterdampf im Thüringer Wald: Mit einer imposanten Dampffahne passiert 65 1049-9 am 26. Februar 1993 das Einfahrsignal des Spitzkehrenbahnhofs Rauenstein.

65 1049-9

Vom Odenwald zur Lahn

Der hessische Teil des Odenwaldes ist Ausgangspunkt für unsere Fahrt. Vom noch mit Formsignalen ausgestatteten Bahnhof Kailbach geht es über die Odenwaldbahn nach Darmstadt. Hier ist das Eisenbahnmuseum in Kranichstein einen Besuch wert. Neben einer umfangreichen Fahrzeugsammlung beheimatet das Museum auch eine mustergültig betriebsfähig aufgearbeitete preußische G 8, mit der Sonderfahrten durchgeführt werden. Die Strecken von Weinheim nach Fürth/Odw. und in den Bessunger Forst werden regelmäßig befahren.

In Darmstadt verlassen wir die Ruhe und Beschaulichkeit des Odenwaldes. Nach einer halben Stunde Fahrt ist Frankfurt Hbf., die Metropole des Rhein-Main-Gebietes, erreicht. Hier herrscht rund um die Uhr ein reger Betrieb. Eisenbahnen, Straßen und Autobahnen sowie internationale und nationale Fluglinien treffen aufeinander. Der Hauptbahnhof ist eine »Welt« für sich und immer einen Besuch wert. Frankfurt besitzt neben Leipzig den größten Bahnhof in Deutschland. Das 22 m hohe Zentralstellwerk dominiert die überirdischen Anlagen.

Den ganzen Tag und auch bei Nacht herrscht eine betriebliche Vielfalt, die nie Langeweile aufkommen läßt.

Aus dem für den S-Bahn-Verkehr gebauten unterirdischen Teil des Hauptbahnhofs verlassen wir die Großstadt Frankfurt und fahren nach Wiesbaden, einem der traditionsreichsten Kurorte Deutschlands. Mit Beginn des Jahresfahrplans 95/96 wurden sowohl die stündlich verkehrenden Kurz-Intercities nach Mainz, als auch die im 2-Stunden-Takt fahrenden ICs nach Frankfurt Hbf. gestrichen. Seitdem hat die hessische Landeshauptstadt nur noch in den Tagesrandlagen direkte IC-Anbindung. Wer Anschluß an den Intercity-Fernverkehr haben möchte, muß mit einem der zahlreich verkehrenden Züge des zum Jahresfahrplan 1995/96 neugeschaffenen Rhein-Main-Verkehrsverbundes nach Frankfurt oder Mainz, der benachbarten Landeshauptstadt von Rheinland Pfalz, fahren.

Für uns ist Wiesbaden zunächst Ausgangspunkt für einen Abstecher nach Norden. Bis zur hessischen Landesgrenze zwischen Lorchhausen und Kaub ist der Rhein unser Begleiter. Die rechte Rheinstrecke dient vor allem dem Güterverkehr. Ein Besuch ist jedoch unbedingt empfehlenswert. Von den Weinbergen hat man überall einen herrlichen Ausblick auf die Strecke und den Rhein.

Wiesbaden ist aber auch das Tor zum nahegelegenen Taunus, der sich vom Niederwald über dem Rheintal bei Rüdesheim bis zum Johannisberg bei Bad Nauheim hinzieht.

Hier ist zunächst die fest in den »Rhein-Main-Verkehrsverbund« integrierte Frankfurt-Königsteiner Eisenbahn AG zu nennen. Die Privatbahn hat in Königstein im Taunus ihre Betriebswerkstatt für die Fahrzeugunterhaltung.

Ohne Bürokratie geht es auch bei der privatisierten Bahn nicht: vor der Abfahrt des IC 823 »Nordfriesland« aus Frankfurt ist der Zugführer mit dem Ausfüllen des Bremszettels beschäftigt.

DB
103 116 - 0
28

Nur kurz währte der Einsatz der 111 049-3 vor dem Lufthansa Airport Expreß von Frankfurt Flughafen nach Stuttgart Hauptbahnhof. Nach Eröffnung der Neubaustrecke Mannheim – Stuttgart wurde sie durch die 103 101-2 ersetzt. Am 13. Juli 1990 fuhr 111 049-3 mit LH 1026 durch Darmstadt-Süd.

Schön bis ins Detail: Messinganschrift der Schnellzuglokomotive 01 118.

Rechts:
»Mit Volldampf durch den Odenwald« – unter diesem Motto kommt die in Frankfurt/Main beheimatete 01 118 gelegentlich vor Sonderzügen auf der Odenwaldbahn (KBS 641) zum Einsatz. Am 16. Januar 1993 legte sich die elegante Maschine bei Kailbach besonders ins Zeug.

Die in 2 Etappen stillgelegte Aartalbahn war bis 1983 eine durchgehende Verbindung zum Ziel unserer Reise, der Lahn. Die ursprünglich von Wiesbaden-Dotzheim nach Diez an der Lahn führende Strecke wird heute im Abschnitt von Wiesbaden-Dotzheim bis Hohenstein als Museumsbahn geführt. Der gesamte hessische Abschnitt steht unter Denkmalschutz. Betreiber ist die Nassauische Touristikbahn e. V. Mit der vereinseigenen, ehemals polnischen Dampflok TKp 4408 werden regelmäßig Sonderfahrten durchgeführt.

Unsere Reise zur Lahn führt uns über die Main-Weser-Bahn durch die zwischen Taunus und Vogelsberg gelegene Wetterau, einer der fruchtbarsten Gegenden in Deutschland. Unterwegs ist Friedberg der Ausgangspunkt für Abstecher zu den hier abzweigenden Strecken nach Nidda, Hungen und Friedrichsdorf.

Den hessischen Teil der Lahn, der kurz vor Limburg beginnt, erreichen wir in Gießen. Das Kapitel endet nach einem Ausflug durch das landschaftlich überaus reizvolle, äußerst sehenswerte Lahntal.

Rund um die Uhr herrscht im Frankfurter Hauptbahnhof ein reger Betrieb. Bei Nacht besitzt er jedoch ein ganz besonderes Flair.

Rechts:
Auf seinem Weg nach Stuttgart fährt ICE 671 am 8. Oktober 1995 dem Abendrot entgegen.

Wendepunkt Frankfurt Hbf.: 110 168-2 und 103 155-8 haben ihre Züge bis in die Mainmetropole gebracht. Nach einer kurzen Pause werden sie die nächsten Leistungen übernehmen.

Auf seinem Weg nach Frankfurt Hbf. überquert ein Triebwagen der Baureihe 420 die Stahlbrücke über die Nidda.

Über die 1838 erbaute, dreibogige Sandsteinbrücke über die Nidda in Frankfurt-Nied fährt 141 106-5 mit RE 3458.

Über die Kaiserbrücke bei Mainz-Nord fährt 141 174-3 mit ihrem N 6325. Der Rhein bildet hier die Landesgrenze zwischen Hessen und Rheinland-Pfalz.

Vom hochliegenden Bahnsteig des Haltepunkts Frankfurt-West lassen sich die Hochhäuser des Frankfurter Bankenviertels schön in Szene setzen. Aus dieser Perspektive wird deutlich, warum Frankfurt auch »Mainhattan« genannt wird.

Bis zum Fahrplanwechsel im Mai 1995 verkehrten zwischen Wiesbaden und Mainz die Kurz-IC »Wiesbaden-City« im Stundentakt. Zu diesem Zweck sind eigens Garnituren aus ehemaligen Nahverkehrswagen umgebaut worden. Die Wirklichkeit sah, wie hier die Aufnahme vom 2. Mai 1995 zeigt, sehr bunt gemischt aus.

Abfahrbereit steht IC 915 »Wiesbaden City« an Gleis 3 des Wiesbadener Hauptbahnhofs.

Die Triebwagen der Baureihe 420 bilden das Rückgrat des S-Bahnverkehrs im Rhein-Maingebiet. Am 2. Mai 1995 ist ein Vollzug auf der S 1 auf dem Weg von Wiesbaden nach Frankfurt-Mühlberg.

Die rechte Rheinstrecke dient vorwiegend dem Güterverkehr. Mit ihrem kurzen Zug ist 151 086-6 sicherlich nicht ausgelastet.

Englischsprachige Beschriftung an einem Bahnübergang in Rüdesheim – Hommage an den internationalen Tourismus der Drosselgassen-Stadt.

Auf dem Weg nach Süden rollt die neurote 140 147-0 am 4. Mai 1995 mit ihrem Güterzug an der Ruine Ehrenfels vorbei.

Während in ganz Deutschland am 24. Oktober 1995 die Sonne schien, war der Rhein bis mittags in dichten Nebel gehüllt. Lediglich in Lorch sorgte ein frischer Wind am Vormittag für lichte Momente, so daß 155 125-3 bei der Vorbeifahrt beobachtet werden konnte.

Auf der rechten Rheinstrecke bestimmen fast ausschließlich Wendezüge den Nahverkehr. Am 13. September 1995 passiert eine im aktuellen DB-Farbschema modifizierte Garnitur den mittelalterlichen Wehrturm in Rüdesheim.

Am 24. Oktober 1995 brachte 701 143-0 ein wenig Abwechslung in den Betriebsablauf auf der KBS 466. Als der Turmtriebwagen in Lorchhausen vorbeifuhr, war er auf dem Weg nach Mainz.

Mannheimer 155 sind mittlerweile häufig auf der rechten Rheinstrecke anzutreffen. Mit ein wenig Glück trifft man auch ein neurotes Exemplar, wie hier 155 071-4 bei der Durchfahrt in Rüdesheim.

Die farbenfroh lackierten Triebwagen der Frankfurt-Königsteiner Eisenbahn bilden einen reizvollen Kontrast zur waldreichen Landschaft des Taunus.

Die KBS 637 Friedrichsdorf – Grävenwiesbach war einst Teil eines weit verzweigten Streckennetzes nördlich des Taunuskammes. Nachdem die Strecke 1989 von der Deutschen Bundesbahn verkauft wurde, übernahm die Taunusbahn die Betriebsführung. Der Personenverkehr wird dabei mit dieselelektrischen LHB-Triebwagen durchgeführt (Aufnahme am 16. Juni 1994 bei Usingen).

Links: Die Frankfurt-Königsteiner Eisenbahn hat sich in den letzten Jahren von einer Kleinbahn zu einem bedeutenden Nahverkehrsunternehmen entwickelt, dessen Züge fest in den Frankfurter Vorortverkehr integriert sind. Unterhalb der Königsteiner Burg liegt der Endbahnhof mit angeschlossener Betriebswerkstatt für die Fahrzeugunterhaltung.

Zugkreuzung im mustergültig restaurierten Bahnhof Rodheim v.d. Höhe, der auf halbem Wege zwischen Friedberg und Friedrichsdorf zu finden ist.

Der Güterverkehr auf der KBS 636 Friedberg – Friedrichsdorf wird seit 1992 von der Hessischen Landesbahn durchgeführt. Am 1. August 1995 hatte die ehemalige HEG-Lok 832 wenig Mühe, die nur aus einem Wagen bestehende Übergabe sicher ans Ziel zu bringen.

Die KBS 632 Friedberg – Nidda/Hungen verläuft ohne landschaftliche Höhepunkte durch die Wetterau. Lediglich bei Reichelsheim sorgt eine Pappelreihe für etwas Abwechslung, die hier am 20. Juli 1995 von 628 431-9 passiert wird.

Der noch mit Formsignalen gesicherte Bahnhof Hungen war früher ein bedeutender Eisenbahnknotenpunkt in Oberhessen. Heute ist vom Glanz vergangener Tage nur wenig zu spüren.

Zwischen Hungen und Inheiden säumen zahlreiche Apfelbäume den Bahndamm. Von den wohlschmeckenden Früchten des abgebildeten Exemplars konnte sich der Fotograf selbst überzeugen. Ehrensache, daß der Baum mit Zug aufs Bild mußte!

Rechts:
Durch das landschaftlich überaus reizvolle Lahntal schlängelt sich die Eisenbahnstrecke Koblenz – Limburg – Gießen (KBS 625), auf der seit einigen Jahren die Nahverkehrstriebwagen der Baureihe 628 dominieren. Am 24. Juni 1994 passiert 628 450-9 das Stadtbild von Weilburg.

Bis zu Beginn der Neunziger Jahre war die Lahntalbahn (KBS 625) eine Domäne der Baureihe 216. Mit ihrem N 6948 hat eine Vertreterin dieses Loktyps gerade den Weilburger Tunnel verlassen und fährt nun in Ufernähe ihrem nächsten Halt in Gräveneck entgegen (21. September 1992).

Am Einfahrsignal von Runkel (KBS 625) begegnet RE 3914 am 15. August 1995 einem flußaufwärts fahrenden Motorboot. Der ruhige Lauf der Lahn wird besonders an Wochenenden von zahlreichen Freizeitkapitänen für eine beschauliche Bootsfahrt genutzt.

Koblenz Hbf
628 450-9
DB

Durch das Hessische Bergland

Wir beginnen unsere Reise durch das Hessische Bergland in Limburg an der Lahn. Die Kreisstadt zwischen Taunus und Westerwald ist vor allem durch ihren weithin sichtbaren Dom über die Landesgrenzen hinaus bekannt. Für Eisenbahnfreunde ist Limburg zudem untrennbar mit den Akkumulatorentriebwagen verbunden. So war die Domstadt nicht nur Heimat der letzten, im Volksmund »Limburger Zigarren« genannten Baureihe 517, sondern auch Ausbesserungsstelle aller im DB-Bestand befindlichen Speichertriebwagen der Baureihe 515.

Von Limburg geht es zunächst auf der KBS 461 in den Westerwald. Über Hadamar und Niederzeuzheim erreichen wir in Wilsenroth die hessische Landesgrenze. In unmittelbarer Nähe des dortigen Bahnhofs befinden sich die Fuchsschen Tongruben, die über einen sehr interessanten Feldbahnbetrieb verfügen. Wieder zurück in Limburg, steht eine Fahrt nach Niedererbach auf dem Programm, bevor wir über Haiger und Herborn weiter gen Norden reisen.

Herborn ist der Ausgangspunkt der landschaftlich äußerst reizvollen Aar-Salzböde-Bahn nach Niederwalgern. Die Strecke zählte einst zu den letzten Schienenbus-Hochburgen in Hessen. Heute bestimmen hier Neubautriebwagen und lokbespannte Züge den Betriebsalltag.

In Niederwalgern besteht Anschluß zur Main-Weser-Bahn. Die 134 km lange Hauptbahn verbindet die Eisenbahnknotenpunkte Gießen und Kassel miteinander und bietet daher ein relativ dichtes Zugangebot.

Wir benutzen die Main-Weser-Bahn für einen Abstecher nach Marburg. Die alte Universitätsstadt verfügt über eine wunderschöne Altstadt, ein Besuch ist unbedingt zu empfehlen. Außerdem beginnen in Marburg die reizvollen Strecken nach Laasphe und Frankenberg. Letztere verlief bis Korbach, unserem nächsten Ziel.

Die Stadt am Rande des Rothaargebirges ist seit Mai 1995 Endpunkt der einst bis Bad Wildungen führenden KBS 621. Die Stillegung erfolgte aufgrund des stark sanierungsbedürftigen Buhlener Viadukts und einer nicht mehr ausreichenden Wirtschaftlichkeit. Doch auch der verbliebene Abschnitt wartet mit einer Fülle an interessanten Fotomotiven auf.

Weiter geht es von Korbach nach Volkmarsen. Dieses Streckenstück, früher Teil der heutigen KBS 612 nach Kassel, wird derzeit nur noch im Güterverkehr bedient. Aufgrund seiner regionalen Bedeutung wird aber über die Wiederaufnahme des Personenverkehrs nachgedacht.

In Volkmarsen steht schon unser Zug nach Kassel bereit. Die beschauliche Strecke durch den Habichtswald bietet jede Menge Abwechslung: so zum Beispiel die Burgruine Kugelsberg oder den Zierenberger Viadukt mit dem sich anschließenden Zierenberger Tunnel (816 m).

In Kassel verlassen wir die Ruhe der Nebenbahn. Wenngleich der Kasseler Hauptbahnhof nach Eröffnung der ICE-Station Wilhelmshöhe viel von seiner einstigen Bedeutung verloren hat, so herrscht in dem altertümlichen Kopfbahnhof noch immer ein reges Treiben.

Im krassen Gegensatz zu dieser betrieblichen Hektik steht dann auch unser Ausflug ins idyllische Diemeltal, wo die Weite der Landschaft zu herrlichen Wanderungen einlädt. Nach diesem Abstecher endet unsere Rundfahrt durch das Hessische Bergland.

Eisenroth

Vorseite:
An der Aar-Salzböde-Bahn ist es Herbst geworden. Die Stillegung der Strecke scheint bevorzustehen. Als N 8272 am 22. Oktober 1991 in Eisemroth losfuhr, war noch von einer besseren Zukunft die Rede.

Auf seinem Weg von Au nach Limburg passiert 628 499-6 am 24. Juni 1994 in Niederzeuzheim (KBS 461) eine alte Feldwegbrücke.

Mit einem stilechten Sonderzug wagten Eisenbahnfreunde im Juni 1994 den Zeitsprung in die Sechziger: Wie vor 30 Jahren bespannte noch einmal V 80 002 den für einen Tag wiedererstandenen »Heckeneilzug« durch den Westerwald (Aufnahme in Wilsenroth).

Im Vorfeld ihrer Ausmusterung kam es 1995 zur Durchführung zahlreicher Schienenbus-Sonderfahrten, bei denen die »einstigen Retter der Nebenbahn« vielfach auf ihre alten Stammstrecken zurückkehrten. So auch am 20. Mai 1995, als sie noch einmal durch Flammersbach (ex KBS 367) fuhren.

Die KBS 629 Siershahn – Limburg war die letzte Verbindung im Westerwald, auf der planmäßig Schienenbusse verkehrten. Als am 2. Mai 1993 der aus vier »roten Brummern« gebildete N 6878 den Niedererbacher Viadukt überquerte, gehörten sie noch zum gewohnten Bild.

Nur zwei Reisende erwarteten am 14. August 1995 die Ankunft der fast menschenleeren RB 8961 in Haiger-Obertor. Heute verkehren auf der Hellertalbahn (KBS 462) anstelle der Schienenbusse moderne Nahverkehrstriebwagen der Baureihe 628, was leider nicht den erhofften Fahrgastzuwachs brachte.

Links:
Die Annäherung eines Schienenbusses war immer ein akustisches Erlebnis und kein Vergleich zum beinahe lautlosen Vorbeirollen der 628-Neubautriebwagen. Die Vorbeifahrt des 798 823-1 mit seinem Steuerwagen am 13. Mai 1992 bei Übernthal bringt die friedlich grasende Schafherde jedoch nicht aus der Ruhe.

Der Hartenroder Viadukt ist das herausragende Fotomotiv entlang der KBS 624 Herborn – Niederwalgern. Um eine Leerfahrt einzusparen, überführte der mit 211 103-7 bespannte N 8265 am 21. September 1993 eine Schienenbusgarnitur zum Endbahnhof.

Ein Neuling auf Dienstfahrt! Am 28. Mai 1995 ist 629 001-9 bei Niederwalgern unterwegs. Der Zielanzeiger zeigt den Endpunkt der Überführung an.

Am 13. Mai 1992 ist eine Schienenbusgarnitur auf der Aar-Salzböde-Bahn zwischen Herborn und Niederwalgern bei Eisemroth unterwegs.

Lediglich ein Zugpaar auf der Strecke von Marburg nach Bad Laasphe verkehrte mit Schienenbussen. Die restlichen Züge, wie hier N 8377 bei Brungershausen, waren lokbespannt.

An Sonntagen wird der Gesamtverkehr auf der KBS 622 im 2-Stunden-Takt mit Neubautriebwagen der Baureihe 628.4 durchgeführt. Am 28. Mai 1995 rollt RB 8459 durch die Frühlingswiesen bei Münchhausen.

Schienenbus nach Laasphe – seit September 1995 bereits Vergangenheit.

Links:
Die Obstbäume im Lahntal standen in voller Blüte, als N 8382 am 18. Mai 1992 am durchgeschalteten Einfahrsignal in Buchenau von Marburg nach Erndtebrück brummte.

216 224-6 am Abzweig Wega. Mit der Umstellung auf Busbetrieb endete zum Sommerfahrplan 1995 zwischen Korbach und Bad Wildungen (KBS 621) der Eisenbahnverkehr.

Nicht zuletzt der sanierungsbedürftige Zustand des Buhlener Viadukts führte zur Einstellung des Personenverkehrs im Abschnitt Korbach – Bad Wildungen. Am 22. April 1995 rollt 216 224-6 mit dem N 8790 in langsamer Fahrt ihrem nächsten Halt in Buhlen entgegen.

Warten auf den nächsten Einsatz: Klima-Schneepflug in Korbach.

Im Gegenlicht: Einfahrsignal in Willingen.

Der an der Strecke Brilon Wald – Wabern liegende Ort Willingen ist ein beliebtes Ausflugsziel für Vereine und Touristen. Die Zeiten, als auch internationale Züge wie der D-Zug von Amsterdam nach Bad Wildungen hier hielten, sind allerdings vorbei.

Auf der Strecke von Brilon Wald nach Korbach hat die neue Bahn Einzug gehalten. Ein Triebwagen der Baureihe 628 überquert den Viadukt bei Rhena.

*Zwischenzeitlich ist auch die KBS 612 Kassel – Volkmarsen fest in der Hand der modernen Bahn.
Am 19. Oktober 1993 konnte sich der Fotograf dagegen noch an einer dreiteiligen Schienenbusgarnitur erfreuen, die mit ihrem typischen »Knattersound« den Zierenberger Viadukt überquerte.*

Rechts: Mit gut 20minütiger Verspätung und einem demzufolge deutlich erhöhten Tempo hat N 8847 Zierenberg verlassen und versucht nun, die verlorengegangene Zeit bis zu seinem Ziel in Volkmarsen aufzuholen.

Rechts:
Aufgelassen ist der im Diemeltal gelegene Haltepunkt Lamerden an der KBS 430. Die Bahnsteige und das Wartehäuschen sind jedoch noch vorhanden.

Im weiten Diemeltal hat der IR 2455 gerade den Ort Liebenau passiert.

8 Maschinen der beim Bh Hagen stationierten Baureihe 218 waren für den Einsatz auf Deutschlands erster City-Bahn-Strecke, der Aggertalbahn, orange-grau lackiert worden. Mittlerweile sind die alten Garnituren abgezogen worden, und die 218 werden nach und nach dem aktuellen Farbschema angepaßt. 218 144-4, die hier am 3. Mai 1995 bei Liebenau den E 3884 zieht, gehört zu den ehemaligen CityBahn-Maschinen.

LAMERDEN
306
8
DB
151 054-4

Der Streckenabschnitt zwischen Warburg und Hümme bietet viele schöne Fotomotive. Am 25. Mai 1995 ist 151 084-1 mit ihrem Güterzug bei Lamerden unterwegs.

Rechts:
Zur Jubiläumsparade 1985 wurde 110 348-0 wieder annähernd in den Ablieferungszustand versetzt. Das ursprüngliche Farbdesign paßt gut zu den neuen Bahnfarben wie die Aufnahme des RE 3602 bei Altenbrunslar zeigt.

Einer von insgesamt sechs Tunnelhilfszügen der Deutschen Bahn am 3. April 1993 in Kassel Hbf. Die aus je zwei Lokomotiven und diversen Lösch- und Gerätewagen bestehenden Züge werden für den Rettungsdienst auf der tunnelreichen Neubaustrecke vorgehalten.

An Fulda und Werra

Die Fulda bildet bei Kragenhof die Landesgrenze zu Niedersachsen. Hier beginnen wir unsere Rundfahrt vom Norden Hessens ins thüringische Werratal. Von einer Anhöhe bietet sich ein herrlicher Blick auf die Schnellfahrstrecke Hannover – Würzburg.

Flußaufwärts geht es nun über Guntershausen und Röhrenfurt nach Melsungen. Dieser nur 16 km lange Streckenabschnitt der Fuldabahn (KBS 610) bietet eine Fülle an interessanten Fotomotiven, so daß wir uns zu dem geplanten Abstecher an die Neubaustrecke regelrecht zwingen müssen. Der Anblick der dahinrasenden ICE entschädigt aber schon bald für die verlorene Idylle.

In Bebra wechseln wir auf die KBS 605 in Richtung Eisenach. Die einstige Transitstrecke ist die wichtigste Magistrale zwischen Hessen und Thüringen und wird heute elektrisch betrieben. Durch den Hönebacher Tunnel erreichen wir den ehemaligen Grenzbahnhof Gerstungen. Bis zum Sommerfahrplan 1991 führte der Zugverkehr zwischen Gerstungen und Eisenach über die 1962 fertiggestellte Umgehungsbahn nach Förtha. Durch diese Maßnahme konnte die mehrfach westdeutsches Gebiet berührende Direktverbindung aufgelassen werden. Da sich die eingleisige Linienführung jedoch als betriebliches Hindernis präsentierte, wurde sofort nach der Wende die Wiederherstellung der alten Trasse mit Hochdruck betrieben, so daß man heute wieder über Wartha die alte Wartburgstadt Eisenach erreicht.

Wir fahren nun südwärts auf der Werrabahn (KBS 575) nach Wasungen. An der ehemaligen Blockstelle Höpfen bietet die Wartburg ein lohnendes Fotomotiv, bevor wir in der Dunkelheit des 544 m langen Förthaer Tunnels verschwinden. Das feste Gestein des Gebirges machte weder eine Gewölbeausmauerung noch das Errichten von Tunnelportalen erforderlich. Zudem verfügt das Bauwerk über das größte Höhenprofil aller deutschen Tunnels, so daß die ausfahrenden Züge optisch verkleinert wirken. Wieder an der frischen Luft, folgt auch schon der weit abseits der Ortschaft gelegene Bahnhof Förtha.

Von hier aus geht es nun eingleisig weiter. Das zweite Streckengleis wurde in den Nachkriegsjahren von den sowjetischen Streitkräften als Reparationsleistung abgebaut. Über Marksuhl und Ettenhausen erreichen wir Bad Salzungen. Der Kurort ist vor allem durch seine heilenden Salzquellen bekannt geworden, die in den umliegenden Kaliflözen ihren Ursprung finden.

In Bad Salzungen beginnt die über Dorndorf führende Nebenbahn nach Vacha. In Dorndorf besteht Anschluß zur »Feldabahn« nach Kaltennordheim. Die Region, vom Kalibergbau geprägt, hat stark mit den Altlasten vergangener Tage zu kämpfen. Entsprechend häufig trifft man auf verlassene Bergwerke und andere Industrieruinen.

Wieder zurück in Bad Salzungen, geht es weiter auf der Werrabahn. Von nun an folgt die Strecke bis Eisfeld der Werra. Links der Bahn sind bereits die Ausläufer des Thüringer Waldes zu erkennen; rechts »grüßen« die Höhenzüge der Vorderrhön. Kurz nach Verlassen des Bahnhofs Breitungen passiert unser Zug den idyllisch gelegenen Breitunger See. Noch 11 km Fahrstrecke, dann ist der Zielpunkt dieses Kapitels, das Werrastädtchen Wasungen, erreicht.

Vorseite:
Vor der Kulisse der Stadt Wasungen überquert N 7729 am 2. 5. 1995 die Werra (KBS 575). Oberhalb des Stadtbildes befinden sich die Überreste der Burg Maienluft.

Die Fulda bildet bei Kragenhof an der KBS 600 die Landesgrenze zu Niedersachsen. In wenigen Sekunden wird der ICE 796 »Saphir« Hessen verlassen haben und im 10,5 km langen Mündener Tunnel verschwunden sein.

Wahrlich nicht überfordert war 140 630-5 mit N 8579 am 2. Juni 1991 bei Röhrenfurt.

Mittlerweile allgegenwärtig im Bereich der DB ist die Baureihe 143. Bei Melsungen überquert die Magdeburger 143 199-8 am 30. Juli 1995 die Fulda.

Am frühen Morgen des 7. Juli 1995 fährt eine neurote 140 mit ihrem Güterzug über den Fuldaviadukt bei Guntershausen.

Unmittelbar nach Überquerung der Fuldabrücke wird 141 071-1 im 239 m langen Beiseförther Tunnel verschwinden.

Mit waagerechten Lüftern, Regenrinne und Frontumlaufstangen präsentiert sich die Seelzer 141 072-9 im Zustand der Jubiläumsparade 1985. Nur der rote »Neukeks« will absolut nicht zum ansonsten tadellosen Äußeren der Maschine passen. Vielleicht »erbarmt« sich ja jemand und führt auch dieses Detail in seinen alten Zustand zurück.

Nicht nur für Rentner empfehlenswert: Beobachtungsposten an der Neubaustrecke bei km 163,62.

Rechts: In rascher Reihenfolge wechseln Tunnel, Brücken und Einschnitte an der Neubaustrecke. Nach kurzer Fahrt im Tageslicht wird 120 126-8 mit dem IC 173 »Walter Gropius« wieder im Dunkel verschwunden sein.

Mittlerweile verkehrt auf der Neubaustrecke zwischen Kassel und Fulda nur noch ein lokbespannter IC, den Rest leisten die ICE. Im Sommerfahrplan 1991 fuhren die IC noch im 2-Stunden-Takt in beiden Richtungen, wie IC 785 »Steigerwald« bei Mühlbach.

ICE
161
6

Links:
Schönes Wetter und blühender Raps waren die Begleiter am 1. Juni 1991, dem ersten Planbetriebstag des Neubaustreckenabschnitts zwischen Hannover und Fulda. Viele Bürger nutzten diesen Tag zu einem Ausflug an die zahlreichen Tunnels und Brücken, um die schnellen Züge, wie hier ICE 690 »Hölderlin«, vorbeirasen zu sehen.

Nachdem 110 430-6 ihren Zug bis Bebra gebracht hat, wird sie auf der Drehscheibe des Bw Bebra gedreht und bis zu ihrem nächsten Einsatz im Ringlokschuppen hinterstellt.

Mittlerweile vom Denkmalsockel heruntergeholt: Schnellzuglok 01 1102.

Die Hauptaufgabe der Hersfelder Eisenbahn GmbH war bis zu ihrer Betriebseinstellung der Kaliverkehr im Raum Hattorf und Heringen. Daneben wurde auch ein bescheidener Personenverkehr abgewickelt, für den unter anderem der einzige in Deutschland vorhandene Gliederschienenbus VT 54 (Uerdingen 1966/72448) zur Verfügung stand.

Zum Fahrplanwechsel 95/96 ist ein Teil der direkten IR-Anbindung Bebras wegen der Wiederinbetriebnahme der sogenannten Berliner Kurve weggefallen. Als Ersatz verkehrt der VT 51 der Taunusbahn, der die Verbindung zu den IR-Halten in Bad Hersfeld herstellt. Am 20. Juli 1995 kehrt der der DB-Baureihe 628.4 entsprechende Triebwagen von einem Einsatz nach Bebra zurück.

Lediglich die Metallgitterplatten des Grenzzaunes sind entfernt worden, so daß der D 459 Kassel-Leipzig bei Obersuhl am 8. Juli 1991 mit Beobachtungsturm eindrucksvoll aus dem ehemaligen Todesstreifen in Szene gesetzt werden konnte.

Im abendlichen Streiflicht verläßt der N 8566 den ehemaligen Grenzbahnhof Gerstungen in Richtung Bebra. Die Betonpfosten der ehemaligen Grenzsicherungsanlagen sind deutlich sichbar.

Rechts: Soeben hat der D 453 am 7. Juli 1991 den Hönebacher Tunnel verlassen. Noch ist von den Elektrifizierungsarbeiten auf dieser Seite des Tunnels nichts zu sehen.

Etliche Fotografen verfolgten am 26. Oktober 1991 bei Ronshausen die sich mit ihrem Güterzug mühende 132 488-8, folgte doch im Blockabstand 01 1066 mit einem Sonderzug auf der Fahrt ins RAW Meiningen.

Rechts:
Nach der Wiederherstellung der Bahn von Bebra nach Eisenach durch das Werratal wirft die Elektrifizierung der Strecke ihre Schatten voraus. Doch bevor der Fahrdraht aufgehängt wird, regiert noch einmal »König Dampf«. Am 30. August 1992 ziehen 01 137 und 03 001 gemeinsam und anscheinend ohne große Anstrengungen bei Stedtfeld den D 2755 von Frankfurt/Main nach Frankfurt/Oder.

Auf ihrer Überführungsfahrt von Kattowitz nach Wiesbaden-Dotzheim befindet sich die für die Nassauische Touristikbahn e. V. bestimmte polnische Dampflok vom Typ Tkp 4408. Im Schlepp der 112 738-0 hat sie Gerstungen fast erreicht.

Links: Seit dem 2. Juni 1991 ist die alte Hauptstrecke Gerstungen – Wartha wieder eingleisig befahrbar. In Kürze wird EC 56 »Heinrich Heine« den ehemaligen Grenzbahnhof Gerstungen erreicht haben.

Oben: Der Abschnitt der Werrabahn zwischen Eisenach und Förtha ist zweigleisig und führt die Bahn aus dem Werratal über die nördlichen Ausläufer des Thüringer Waldes. Am Block Höpfen unterhalb der Wartburg ist 216 130-5 mit D 1454 unterwegs von Jena West nach Frankfurt.

Rechts:
Völlig rauchfrei befördert 50 3688-4 ihren N 7739 entlang des Breitunger Sees (KBS 575). Im Hintergrund sind bereits die Höhenzüge des Thüringer Waldes erkennbar.

Mit dem N 7725 verläßt 232 087-7 am 3. Mai 1995 das imposante Portal des Förthaer Tunnels (KBS 575).

Zielanzeiger im Bahnhof Förtha. Mittlerweile wieder um das Fahrziel Schweinfurt erweitert.

Nur wenig Mühe hatte 232 402-8 am 2. Mai 1995 mit ihrem Leerzug bei Leimbach-Kaiseroda (KBS 576).

Im Thüringer Wald

Von Breitungen aus führt unsere Reise in den Thüringer Wald, der nicht nur bei Eisenbahnfreunden den Ruf eindrucksvoller Fotomotive genießt. Neben einem sehr abwechslungsreichen Betriebsmaschinendienst sind es die topographisch bedingten Besonderheiten, die eine Bahnfahrt durch die »grüne Lunge Thüringens« zu einem Erlebnis werden lassen. Seien es die zahlreichen Spitzkehrenbahnhöfe, die imposanten Steinbogenviadukte oder die Vielzahl von Tunnels und altertümlichen Brücken – sie alle verkörpern das ungemein interessante Zusammenspiel von Eisenbahn und Landschaft.

Über die KBS 573 erreichen wir die Kreisstadt Schmalkalden, die über einen sehr schönen Bahnhof in Insellage verfügt. Hier verzweigen sich die landschaftlich reizvollen Strecken nach Kleinschmalkalden und Zella-Mehlis. Während letztere Gebirgsbahn-Charakter besitzt, fühlt man sich auf dem Weg nach Kleinschmalkalden in die fünfziger Jahre zurückversetzt. Handbediente Schrankenposten, idyllische Bahnhofsgebäude und alte Holzmastenleuchten vermitteln noch unverfälschte Nebenbahnromantik.

Zurück nach Schmalkalden geht es nun stetig bergauf nach Zella-Mehlis, dessen Bahnhof hoch über dem Stadtkern gelegen ist. Hier besteht Anschluß nach Meiningen und Arnstadt, unserem nächsten Etappenziel. Dichter Nebel ist nun unser wenig erfreulicher Begleiter, als wir in Oberhof in den 3039 m langen Brandleitetunnel »eintauchen«. Nach der Fahrt durch den fünftlängsten Altbautunnel Deutschlands sehen wir die Welt wieder mit anderen Augen: keine Spur vom Nebel! Wieder einmal macht der Rennsteig seinem Namen als Nebelscheide alle Ehre. In Gräfenroda lockt daher ein Ausflug auf die KBS 572 nach Georgenthal. Die noch mit Schienenbussen der Baureihen 771/772 bediente Strecke weist eine Vielzahl an interessanten Fotomotiven auf. Nach diesem Abstecher geht es nun in nördlicher Richtung nach Arnstadt. Der Bahnknotenpunkt wird auch »das Tor zum Thüringer Wald« genannt und beherbergt zudem einige betriebsfähige Dampflokomotiven der Deutschen Bahn AG. Für uns ist Arnstadt Ausgangspunkt für eine Fahrt zur Oberweißbacher Bergbahn. Über Stadtilm fahren wir nach Rottenbach; von hier geht es über die Nebenbahn nach Katzhütte zur bekannten Standseilbahn. Die Talstation befindet sich am Haltepunkt Obstfelderschmiede. 1390 m Rampenlänge höher liegt die Bergstation Lichtenhain, wo die elektrisch betriebene Flachlandstrecke nach Cursdorf zu einem beschaulichen »Schienenbummel« einlädt. Daß es bergab jedoch weitaus spannender ist, können wir auf der Talfahrt nach Obstfelderschmiede erleben. Hier steht auch schon unser Zug nach Katzhütte bereit. Die durch das Tal der Schwarza führende Strecke zählt zu den schönsten Bahnen Thüringens und ist daher für einen Besuch unbedingt zu empfehlen. Da die nur wenige Kilometer auseinanderliegenden Orte Katzhütte und Groß-

»Wie aus dem Ei gepellt« präsentiert sich 94 1192. Am 15. Oktober 1994 verläßt die Traditionslok auf ihrer alten Stammstrecke mit einem Sonderzug Stützerbach und ist auf dem Weg zum höchsten Punkt der Strecke, dem Spitzkehrenbahnhof Rennsteig.

1292

In die fünfziger Jahre zurückversetzt fühlt man sich im Haltepunkt Schmalkalden-Reiherstor (KBS 574). Hier bestimmen noch Holzmastleuchten und Schrankenkurbeln die Szenerie.

In Niederschmalkalden (KBS 573) führt die Bahn geradewegs durch den Ortskern. Als sich am 2. Mai 1995 202 602-9 vor dem letzten Abendzug nützlich macht, gilt die besondere Aufmerksamkeit des Lokführers offensichtlich dem bereitstehenden Eiswagen.

breitenbach nicht durch die Eisenbahn verbunden sind, führt unser Weg nun zur nächsten Omnibushaltestelle. In Großbreitenbach geht es wieder »on rail« weiter. Als nächstes stehen die Strecken nach Themar und Schleusingen auf dem Programm, die bis zum Sommerfahrplan 1995 noch eine Domäne der zweimotorigen Baureihe 228 waren. Mittlerweile bestimmen hier jedoch die westdeutschen Steilstreckenlokomotiven der Baureihe 213 das Bild. Wer Zeit hat, sollte den Halt in Themar zu einem Besuch des historischen Stadtkerns nutzen. Über Hildburghausen geht es nun entlang der Werra nach Sonneberg. Das Einzugsgebiet der Kreisstadt war einst das letzte Refugium der legendären Baureihe 95. Heute erinnern gelegentliche Sonderfahrten auf den umliegenden Gebirgsstrecken an die Zeit der bulligen Preußen. Doch auch ohne Dampftraktion sind die Sonneberg berührenden Strecken empfehlenswert. Sind doch allein zwischen hier und dem höchsten deutschen Regelspurbahnhof, Ernstthal, 424 m Höhendifferenz zu bewältigen, bevor es wieder stetig bergab nach Saalfeld geht! Der Eisenbahnknotenpunkt Saalfeld bietet viel Abwechslung, da gleich neun Kursbuchstrecken aufeinander treffen. Für uns heißt es dagegen Abschied nehmen, wollen wir doch auch dem »Lobensteiner« einen Besuch abstatten.

Über die KBS 557 fahren wir nun bergauf zum Spitzkehrenbahnhof Wurzbach, wo unsere Lokomotive an das andere Zugende wechseln muß. Nachdem wir in Heinersdorf den Kulminationspunkt erreicht haben, rollt unsere Fuhre nun talwärts dem Keilbahnhof Unterlemnitz entgegen. Noch fünf Minuten Fahrzeit, dann ist die Kreisstadt Lobenstein erreicht. Der Kurort zwischen Frankenwald und Thüringer Schiefergebirge blickt auf eine langjährige Tradition als Moorbad zurück und war einst Wechselbahnhof der Preußischen und Bayerischen Staatsbahnen. Mit einem Abstecher nach Blankenstein geht unsere Reise durch den Thüringer Wald zuende.

Auch bei der modernen Bahn gibt es noch einen Hauch von Nostalgie: historische Gleissperre im Bahnhof Schmalkalden.

Der Endbahnhof in Kleinschmalkalden (KBS 574) strahlt noch heute den Reiz vergangener Tage aus. Am 5. Mai 1995 wartet hier 202 602-9 vor dem N 14894 auf die Rückfahrt nach Wernshausen.

Noch aus der Länderbahnzeit stammt die fotogene Bahnhofsuhr in Kleinschmalkalden.

Die alte Holzbrücke in Mittelstille (KBS 573) weckt unweigerlich Erinnerungen an die Dampflokzeit. Als am 4. Mai 1995 202 602-9 mit ihrem N 14863 das historische Bauwerk passiert, wird der Fotograf schnell in die Realität zurückgeholt.

Im ersten Morgenlicht des 30. April 1994 hat N 14857 gerade den Haltepunkt Altersbach (KBS 573) erreicht.

Auf seinem Weg von Schmalkalden nach Zella-Mehlis ist N 14859 bei Mittelstille unterwegs. Bis zu seinem Zielbahnhof wird der Zug einen Höhenunterschied von 222 m bewältigt haben.

Zuglaufschild Wernshausen – Schmalkalden.

Vorbei an den blühenden Bäumen bei Gräfenroda brummt der noch in Popfarben lackierte 614 009-9 am 6. Mai 1995 die Steigung nach Oberhof hinauf. Der Einsatz der Baureihe 614 auf der KBS 570 ist wegen der für diese Strecke nicht ausreichenden Motorisierung mittlerweile beendet.

Auf der KBS 572 Gotha – Gräfenroda dominieren die im Volksmund »Ferkeltaxen« genannten Triebwagen der Baureihe 771/772. Am 3. Mai 1995 fährt 771 049-4 mit einem Beiwagen in den Kreuzungsbahnhof Crawinkel ein.

Der nächste Winter kommt bestimmt: zwischen zwei Zügen ist körperliche Beschäftigung angesagt.

Unten:
Auf die Minute pünktlich rollt N 14166 von Gräfenroda nach Gotha vorbei an einem an der Strecke gelegenen Garten in den Bahnhof Georgenthal ein.

Links:
In unmittelbarer Nachbarschaft zum örtlichen Freibad befindet sich der Stadtilmer Eisenbahnviadukt (KBS 561). Als am 22. Mai 1995 219 030-4 mit einem Leerreisezug das betagte Bauwerk überquert, haben sich die letzten Badegäste bereits auf den Heimweg gemacht.

Unverfälschte Nebenbahnromantik läßt sich noch auf der KBS 562 Rottenbach – Katzhütte erleben. Am 23. Mai 1993 rollt 204 650-6 mit dem N 7320 durch Sitzendorf.

Durch das Tal der Schwarza führt die KBS 562 Rottenbach – Katzhütte. Am 23. Mai 1995 erwarten nur drei Fahrgäste den Halt des N 15002 im Bahnhof Sitzendorf-Unterweißbach. Interessant ist der noch aus der Gründerzeit stammende Wasserturm.

Die von Lichtenhain nach Obstfelderschmiede (Talstation) führende Oberweißbacher Bergbahn ist eines der beliebtesten Ausflugsziele in Thüringen. Mit einer Rampenlänge von 1390 m und einer Steigung von 250 Promille zählt sie zu den bedeutendsten Standseilbahnen Europas.

Seilzugführung der Oberweißbacher Bergbahn.

Rechts:
Hoch über den Dächern von Angelroda (KBS 566) befährt der E 4251 am 4. Mai 1995 die bekannte Stahlträgerbrücke. Ihr baulicher Zustand erlaubt dabei nur Schrittgeschwindigkeit.

Auf der Flachlandstrecke nach Cursdorf (KBS 563) kommen die beiden Altbautriebwagen der Baureihe 479 zum Einsatz, die hier gemeinsam den Endbahnhof in Richtung Lichtenhain verlassen.

Die KBS 566 Erfurt – Arnstadt – Themar führt in Schleusinger Neundorf mitten durch die Ortschaft. Entsprechend häufig ist der Lokführer daher gezwungen, vom Signalhorn Gebrauch zu machen.

Bis zum Sommerfahrplan 1995 haben die zweimotorigen 228 des Bw Arnstadt den Gesamtverkehr auf der KBS 566 zwischen Schleusingen und Ilmenau abgewickelt. Am 27. September 1992 hat 228 784-5 mit dem N 14716 gerade Schmiedefeld verlassen und wird in Kürze den Spitzkehrenbahnhof Rennsteig erreichen.

Bereits Ende April 1995 fanden zwischen Suhl und Schleusingen Schulungsfahrten mit einem von der Baureihe 213 geführten Wendezug statt (Aufnahme in Hirschbach).

Auf der KBS 568 Suhl – Schleusingen dürfen nur für den Steilstreckenbetrieb zugelassene Lokomotiven eingesetzt werden. Bis zu ihrer Ablösung durch die Baureihe 213 im Laufe des Jahres 1995 war diese Strecke eine Domäne der Baureihe 228. Am 3. Mai 1995 zieht 228 746-4 den N 14985 über den Viadukt in Hirschbach.

Vor der reizvollen Kulisse des Städtchens Dietzhausen (KBS 570) donnert 03 1010-2 am 7. Mai 1993 gen Arnstadt. Der heiße Frühlingstag verhinderte eine sicherlich beeindruckende Dampffahne.

Mit vereinten Kräften ziehen 95 1027-2 und 95 1016-5 am 9. Oktober 1992 die Üg 77474 über den Viadukt bei Sonneberg West nach Eisfeld. Die 10 Wagen sind keine große Herausforderung für die kräftigen Preußenmaschinen.

Wie ein Scherenschnitt hebt sich die 58 311 mit ihrem Lg 77461 von Eisfeld nach Sonneberg am 26. Februar 1993 gegen den Abendhimmel ab.

Rechts:
Anläßlich einer Plandampfaktion im Februar 1993 waren 95 1016-5 und 95 1027-2 in ihre alte Heimat zurückgekehrt und zogen auf ihren einstigen Stammstrecken rund um Sonneberg zahlreiche Personen- und Güterzüge. Zusammen mit der computergerecht numerierten 58 311 präsentieren sich die beiden preußischen Maschinen zu einem nächtlichen Fototermin im Bw Sonneberg.

95 1027-2
95 1016-5
58 1111-2
228 706-6

Links:
Die KBS 564 Saalfeld – Probstzella – Sonneberg zählt zu den steigungsreichsten Bahnen im Thüringer Wald. Am 31. Januar 1994 hat 95 1027-2 gerade den Haltepunkt Lippelsdorf verlassen und befördert nun ihren N 15215 bergauf in Richtung Sonneberg.

Vorbei am markanten Stellwerk von Lauscha verläßt die 95 1016-5 Tender voraus mit der Üg 77474 von Probstzella nach Eisfeld am 9. Oktober 1992 den Spitzkehrenbahnhof.

Noch ohne Fahrdraht, mit Formsignal und eingleisig präsentierte sich die Strecke von Saalfeld nach Probstzella am 10. Oktober 1992 bei Unterloquitz, als die Saalfelder 232 263-4 ihren Güterzug nach Probstzella brachte.

Der Aufstieg durch den ehemaligen Todesstreifen der DDR-Grenzanlagen bei Probstzella zum Standplatz für dieses Foto vom IC 801 »Therese Giese« verursachte dem Fotografen am 13. September 1992 einiges Unbehagen. Mittlerweile ist dieser Abschnitt der Frankenwaldbahn wieder zweigleisig befahrbar.

Kurz nach Verlassen des Haltepunktes Breternitz beschleunigt 143 337-4 ihren RE 3763 in Richtung Lichtenfels. Als diese Aufnahme am 1. Juli 1995 entstand, war der Fahrdraht erst wenige Wochen »unter Strom«.

Nachdem 204 820-5 mit RB 15161 von Saalfeld nach Lobenstein mit ca. 30 Minuten Verspätung in Unterlemnitz angekommen war, mußte auch noch der Gegenzug aus Blankenstein abgewartet werden. So kamen noch einmal 15 Minuten »Pluszeit« hinzu.

Mit dem N 15234 nach Triptis brummt 204 857-7 am 27. Mai 1995 über den Viadukt in Unterlemnitz.

Links:
Vor der Kulisse von Lobenstein (KBS 557) rollt RB 11587 seinem Zielbahnhof Blankenstein entgegen. Die einst bis Marxgrün (Bayern) führende Strecke verläuft ausnahmslos durch landschaftlich reizvolles Gebiet.

Der früher stattliche Güterverkehr von und nach Blankenstein beschränkt sich zwischenzeitlich auf wenige Übergabefahrten, die in der Regel mit Saalfelder 219 bespannt werden. Am 29. Juni 1995 ist 219 151-8 zwischen Harra Nord und Lobenstein unterwegs.

Die geographische Lage zwischen Rennsteig und Frankenwald machte auf dem Lobensteiner Netz zahlreiche Kunstbauten erforderlich. Am 29. Juni 1995 überquert RB 15191 den Viadukt bei Lobenstein Süd.

Von der Saale zur Elster

Saalburg ist der Ausgangspunkt für unsere Fahrt von der Saale zur Elster. Über die bis 1969 elektrisch betriebene Nebenbahn nach Schleiz führt der Weg zunächst am Ufer der Bleilochtalsperre entlang. Aufgrund der Anzahl von Stauseen und wegen ihrer Größe wird das Gebiet der Saaletalsperren auch »Thüringer Meer« genannt.

Bei Gräfenwart wird auf einer kombinierten Straßen- und Eisenbahnbrücke die Wettera überquert.

Wir begeben uns von Schleiz zur benachbarten Strecke Triptis – Lobenstein, die uns zu unserem nächsten Ziel nach Triptis bringen wird. In Ziegenrück überquert die Bahnlinie auf zwei Viadukten den im Saaletal gelegenen Ort. Zur Weiterfahrt nach Saalfeld müssen wir in Triptis umsteigen. Von hier führt die Hauptbahn zunächst eingleisig, ab Unterwellenborn zweigleisig ins Saaletal.

Saalfeld war von jeher ein bedeutender Eisenbahnknotenpunkt im Nord-Süd-Verkehr zwischen Mitteldeutschland und Bayern sowie für den Verkehr zwischen Ost und West. Durch die Elektrifizierung der Saalebahn und deren südlicher Fortsetzung nach Probstzella hat sich das Aussehen der Bahnanlagen in Saalfeld stark verändert. Damit einhergegangen ist auch eine Veränderung im Triebfahrzeugeinsatz.

Während unserer Fahrt auf der Saalebahn bis Dornburg können wir uns von den zahlreichen Veränderungen überzeugen. In Orlamünde, wo die Nebenbahn nach Pößneck abzweigt, ist der Wasserturm der Elektrifizierung zum Opfer gefallen.

In Göschwitz zweigt die Strecke nach Gera von der Saalebahn ab, die uns nach Ronneburg führt. Hier, im ehemaligen Wismutabbaugebiet, treffen wir die letzten noch im Planeinsatz befindlichen »Taigatrommeln« Deutschlands. Auf der Werkbahn der Wismut AG zwischen Kayna und Ronneburg herrscht werktags ein reger Betrieb. Der Reiz dieser Bahn liegt im Wechsel zwischen typischer Bergbaulandschaft und idyllischer Nebenbahn. Für einen Besuch ist allerdings Eile geboten, da beabsichtigt ist, die V 200 durch Loks der Baureihe 232 zu ersetzen.

Von Ronneburg aus erreichen wir Altenburg, wo die Strecke nach Zeitz in Sachsen-Anhalt beginnt. Letzte thüringische Station vor der Landesgrenze ist Meuselwitz. Hier erfolgen die Kreuzungen der Triebwagen auf der eingleisigen Strecke. Hervorzuheben ist hier auch die noch vorhandene, aber nicht mehr genutzte Fahrzeugeinsatzstelle des ehemaligen Bw Altenburg.

Von Altenburg kehren wir nach Gera zurück und fahren von dort auf der reizvollen Elstertalbahn nach Greiz. Ein Besuch der dort abzweigenden Strecke nach Neumark beendet unsere Reise.

Die KBS 553 Zeitz – Altenburg ist eine Domäne der Baureihe 772. Am 28. Juni 1995 passiert eine zweiteilige Garnitur das Stellwerk in Meuselwitz.

972 709-0

Die akut stillegungsgefährdete KBS 548 Schleiz – Saalburg wurde bis Mai 1969 elektrisch betrieben, wovon noch heute die alten Oberleitungsmasten entlang der Bahnlinie zeugen. Zwischen Saalburg und Gräfenwart führt die Strecke an der Bleiloch-Talsperre vorbei, der größten ihrer Art auf dem Gebiet der ehemaligen DDR.

Rechts:
Der Viadukt in Ziegenrück ist das bekannteste Fotomotiv entlang der KBS 556 Triptis – Lobenstein. Am 20. März 1993 fährt 65 1049-9 mit dem N 15233 über das betagte Bauwerk.

Bei Gräfenwart überspannt die Wetterabrücke den Stausee. Am 27. Juni 1994 ist hier 202 368-7 mit dem nur aus einem Wagen bestehenden N 8658 unterwegs.

Lokschuppen in Schleiz.

Ow
01 2137-6

Links:
Kraftvoll und mit starker Qualmentwicklung beschleunigt 01 2137-6 nach einem kurzen Halt in Oppurg den N 7119.

Nur ein Personenzugpaar bespannten die 228 des Bw Leipzig planmäßig im Fahrplanjahr 91/92 auf der damaligen DR KBS 530. Am 8. Mai 1992 führte die 228 797-7 den N 3034 durch Pößneck.

Leichtes Spiel hat 232 531-4 mit dem nur aus drei Wagen bestehenden E 4239 bei der Durchfahrt in Pößneck (KBS 555). Man beachte besonders das abgebrannte Wohnhaus im Hintergrund, das stark an einen Bausatz der Modellbahnindustrie erinnert.

Zugkreuzung in der Steigung. Auf der Rampe von Saalfeld nach Unterwellenborn begegnen sich am 6. Mai 1992 38 1182 mit dem Gex 2606 und die frisch hauptuntersuchte 202 238-2, die an diesem Tag die planmäßig vorgesehene 228 vertrat.

Rechts:
Begegnung in der Morgensonne: 44 1093-2 fährt bergwärts nach Unterwellenborn.

Wie in alten Zeiten bespannte 95 1016-5 am 10. Oktober 1992 im Rahmen einer Plandampfveranstaltung die Übergabe 77474 von Saalfeld nach Unterwellenborn.

8
7
6
2
1
01 1531-1
41 1231-4
03 1010-2
01 2137-6

Links:
Abendliche Dampflokparade im Bw Saalfeld.

Bestens gepflegt rangiert die 310 432-0 am 6. Mai 1992 im Gleisvorfeld des Bahnhofs Saalfeld. Lange wird man sich an diesem Anblick nicht mehr erfreuen können, ist doch der Großteil der kleinen Maschinen zwischenzeitlich z-gestellt.

Abfahrbereit steht die 220 290-1 des Bw Gera am 7. Mai 1995 vor ihrem Güterzug in Saalfeld.

Unterhalb der auf einem Felsvorsprung gelegenen Burg Orlamünde ist 204 622-5 mit dem N 7323 am 13. August 1993 auf dem Weg von Jena nach Saalfeld.

Rechts:
Der Trompeterfelsen in Rothenstein ist das wohl schönste Motiv entlang der zum Sommerfahrplan 1995 elektrifizierten Saalebahn. Unterhalb dieses reizvollen Ensembles eilt IC 706 »Bertolt Brecht« am 1. Juli 1995 seinem Fahrziel Berlin Hbf. entgegen. Der Speisewagen hinter der Lok diente einem Reiseveranstalter als Kurswagen zu Christos Reichstagsverhüllung!

Der Charakter der Saalebahn hat sich durch die Elektrifizierung stark gewandelt. Am 5. Mai 1992 passierte 219 083-3 vom Bw Saalfeld mit dem N 5017 das südlich des Bahnhofs Uhlstädt gelegene Einfahrtsignal nebst zugehöriger Signalbude.

Der an der KBS 559 Orlamünde – Pößneck untBf gelegene Haltepunkt Langenorla Ost verfügt über eines der schönsten Empfangsgebäude in Thüringen.

Fachwerkarchitektur am Bahnsteigrand: das Abortgebäude des Bahnhofs Langenorla Ost.

Der Wasserturm in Orlamünde ist der Elektrifizierung der Saalebahn zum Opfer gefallen. Am 5. Mai 1992 rangierte 204 274-5 unterhalb des markanten Bauwerks.

Nach 12 km Fahrt auf der Orlabahn ist die 204 274-5 mit dem N 15048 am Abend des 5. Mai 1992 aus Pößneck nach Orlamünde zurückgekehrt.

Mit vereinten Kräften machen sich zwei Maschinen der Baureihe 232 vor einem schweren Güterzug bei Göschwitz nützlich (13. August 1993).

Mit einem Gruß an das Personal des Stellwerks verläßt 219 159-1 mit N 5017 den an der Saalebahn gelegenen Bahnhof Porstendorf.

Links:
Plandampf auf der Saalebahn Halle/Leipzig – Saalfeld (KBS 560). Mit dem aus reichsbahntypischen Gliederdoppelstockwagen gebildeten N 7310 passiert 01 1531-1 am 13. August 1993 die Dornburger Schlösser.

20 Lokomotiven der Baureihe 219 wurden durch die Firma Krupp mit neuer Technik versehen und zur Baureihe 229 umgenummert. Die mittlerweile beim Bh Erfurt beheimateten Maschinen befördern auch einige IR auf der KBS 540, so wie 229 181-3 am 30. Juni 1995 den IR 2453 bei Gera-Kaimberg.

Während die »Taigatrommeln« bei der Deutschen Bahn AG längst Geschichte sind, bestimmen die imposanten Zweitakter noch heute das Zugbild auf dem teilweise landschaftlich reizvollen Streckennetz der Wismut AG. Am 26. Juni 1995 müht sich V 200 507 mit einem schweren Sandzug ab.

Bei Frankenau befördert die V 200 514 am 27. Juni 1995 einen aus den neuen Fas-Wagen gebildeten Ganzzug nach Kayna.

An Werktagen herrscht zwischen Kayna und den Betriebsbahnhöfen Beerwalde und Schmirchau ein reger Verkehr. Im milden Abendlicht ist V 200 512 mit ihrem Güterzug unterwegs.

In Raitzhain mündet die Wismutbahn in die KBS 540 Gera – Altenburg/Glauchau. Am 24. Juli 1994 zieht hier 219 195-5 einen für die Deutsche Bahn AG bestimmten Sandzug aus dem Werksgleis.

Akkustisch eindrucksvoll bringt die ihres Frontnummernschildes beraubte V 200 506 am 28. Juni 1995 einen Sandzug von Kayna nach Beerwalde.

Vorbei an den nicht mehr genutzten und langsam verfallenden Bw-Anlagen verläßt RB 7063 am 28. Juni 1995 den Bahnhof Meuselwitz in Richtung Altenburg.

Nach einem kurzen Stopp in Kriebitzsch brummt der rote 772 116-0 auf seinem Weg von Altenburg nach Zeitz dem nächsten Halt in Meuselwitz entgegen.

Während der Ortsgüterverkehr vielerorts schon Geschichte ist, herrschte am 29. Juni 1995 im Bahnhof Meuselwitz noch reger Rangierbetrieb, der von der Stangendiesellok 346 861-8 jedoch mühelos bewältigt wurde.

Weit verbreitet in Thüringen ist die in Rumänien gebaute Baureihe 219.

Vor der Kulisse der HaGeVa rollt N 8306 dem Haltepunkt Gera Ost entgegen. Die altersschwache Brücke erlaubt dabei nur Schrittempo.

Bei Greiz (KBS 540) passieren die Züge diesen aufgelassenen Schrankenposten.

Auch auf der Elstertalbahn (KBS 540) gehören die Neubautriebwagen der Baureihe 628 mittlerweile zum gewohnten Bild. Am 30. Juni 1995 ist ein Vertreter der modernen Bahn bei Gera-Liebschwitz unterwegs.

Vor dem Stadtbild von Greiz befördert 204 789-2 ihren N 8311 in Richtung Weischlitz (KBS 540).

Das stark zugewachsene Schloß oberhalb der Tunnelausfahrt in Greiz bildet am 30. Juni 1995 die Kulisse für den RE 3367 von Erfurt nach Greiz.

Rechts:
Die Strecke Greiz – Neumark (KBS 543) verbindet die Elstertalbahn mit der Relation Leipzig/Dresden – Plauen. Am 30. Juni 1995 eilt RB 8360 über die Brücke der Weißen Elster in Greiz.

Durch das Thüringer Becken zum Eichsfeld

Beginnen wollen wir unsere Rundreise durch das Thüringer Becken in Eisenach am Nordrand des Thüringer Waldes. Auf der von Bebra kommenden Hauptstrecke erreichen wir zunächst Gotha, wo die Strecke von Friedrichswerth nach Bufleben zu einem Zwischenstopp einlädt.

Weiter geht die Fahrt nach Erfurt. Die thüringische Landeshauptstadt ist einer der wichtigsten Bahnknoten in Thüringen und weist einen dementsprechend dichten und betriebstechnisch interessanten Betrieb auf. Durch die Vereinigung Deutschlands hat sich das Aussehen der wichtigen Ost-West-Verbindung stark gewandelt, ist die Strecke jetzt doch von Bebra durchgehend elektrisch befahrbar. Vor der Vereinigung war lediglich das Teilstück von Neudietendorf bis Erfurt elektrifiziert.

Nach einem kurzen Abstecher an die Strecke nach Kranichfeld begeben wir uns in nördlicher Richtung zur Unstrut.

Entlang des Kyffhäusergebirges und der Hainleite wird Sondershausen erreicht. Nun ist es nicht mehr weit bis Nordhausen, dem Tor zum Südharz.

Nordhausen ist der Ausgangspunkt der Harzquerbahn, des größten zusammenhängenden Schmalspurnetzes in Deutschland. Die Harzquerbahn ist meterspurig und führt durch landschaftlich sehr reizvolles Gebiet. Vorbei an den Abbauwänden des Kohnsteins in Niedersachswerfen erreicht die Bahn in Ilfeld den Harz. Bis zum Bahnhof Eisfelder Talmühle, dem nördlichsten Punkt unserer Fahrt, hat die Bahn einen Höhenunterschied von 168 m überwunden.

Nach Nordhausen zurückgekehrt, erreichen wir auf der von Halle nach Kassel führenden Hauptstrecke das Eichsfeld.

Landschaftlich die wohl interessanteste Strecke des Eichsfeldes war die Strecke Leinefelde – Geismar, ein Teil der sogenannten Kanonenbahn von Berlin nach Koblenz. Heute weist nur noch das Reststück von Leinefelde nach Dingelstädt Verkehr auf. Im Jahr 1925 führten neun Eisenbahnstrecken durch das Eichsfeld. Heute sind es noch fünf Linien, die betrieben werden.

Die erste Eisenbahnstrecke, die das Eichsfeld berührte, war die 1867 eröffnete »Halle-Casseler Zweigbahn«, die zwischen Bernterode im Osten und Arenshausen im Westen das Eichsfeld durchquerte. Sie war von Anfang an die wichtigste Bahnlinie im Eichsfeld und hat von dieser Bedeutung bis heute nichts verloren. Nach dem Krieg ist die Strecke durch die Zonengrenze zwischen Eichenberg und Arenshausen unterbrochen worden. Seit dem Lückenschluß im Mai 1990 gehört die Strecke zu den wichtigsten Durchgangs- und Verbindungsstrecken zwischen Thüringen und Hessen. Mittlerweile ist sie durchgehend elektrifiziert.

Über den Eisenbahnknotenpunkt des Eichsfeldes, Leinefelde, von dem die ehemals bis Wulften führende Strecke nach Teistungen abzweigt, erreichen wir Eichenberg, wo die Rundreise dieses Kapitels endet.

Vorbei an der Ortskirche von Sättelstädt führt die Strecke Bebra – Erfurt (KBS 605), auf der zu Beginn der Neunziger Jahre zahlreiche »Plandampf-Aktionen« stattfanden. Hierbei bespannen Dampflokomotiven planmäßige Züge des Regelverkehrs. Am 8. Mai 1993 machte sich 38 1182 vor dem N 6115 nach Erfurt nützlich.

Daß die Dampftraktion noch lange nicht zum alten Eisen zählt, zeigte besonders 01 1531-1 bei der Beförderung des D 2653. Auf die Minute genau konnte der für moderne Diesellokomotiven bemessene Fahrplan eingehalten werden. (Aufnahme am 8. Mai 1993 bei Sättelstädt).

Im ersten Licht eines wunderschönen Maitages dampft 01 1531-1 vor einem Güterexpress durch das Städtchen Wutha (KBS 605). Die kalte Morgenluft ließ dabei diese imposante Dampffahne entstehen (7. Mai 1993).

03 1010 auf dem Weg von Binz nach Eisenach.

Während einer Plandampfveranstaltung brummt 216 131-3 mit dem N 8557 Bebra – Fröttstädt am 28. August 1992 zwischen zwei Dampfzügen bei Schönau vorbei.

Ein Bild aus der Zeit vor der Elektrifizierung: Mit einer schönen, komplett grünen Garnitur strebt 232 204-8 am 29. August 1992 ihrem nächsten Halt, Schönau, entgegen.

Noch verkehren auf der KBS 579 Kranichfeld – Weimar modernisierte Triebwagen der Baureihe 772. Schon bald sollen sie durch neue Doppelstockschienenbusse ersetzt werden. Am 23. Mai 1995 wartet 772 176-4 im Bahnhof von Bad Berka auf die Weiterfahrt.

Die Lokomotiven der Baureihe 298 sind für den schweren Verschub gebaut worden. Am 3. August 1995 rangierte 298 065-4 mit einem Kesselwagenzug in Sömmerda.

Die 31 km lange Nebenbahn von Bretleben nach Sondershausen verläuft südlich des Kyffhäusergebirges und verbindet die beiden Strecken Erfurt – Magdeburg und Erfurt – Nordhausen miteinander. Am 2. August 1995 hat RB 14571 Bad Frankenhausen erreicht.

Anders als im Westen: Schlußleuchte und Stirnlampe sind bei den ostdeutschen Schienenbussen getrennt ausgeführt.

Vorbei an den Kalihügeln bei Großfurra wird 772 167-3 in Kürze Sondershausen erreicht haben.

Unten links:
Soeben ist 202 603-7 mit ihrem Flachwagenzug am Stellwerk Sondershausen Nord vorbeigefahren und wird in Kürze mit Rangierarbeiten beginnen.

Warten auf den nächsten Zug.

Neben seinen Formsignalen und einem schönen Fachwerkstellwerk hat Sondershausen mit dem an der nördlichen Ausfahrt befindlichen Wasserkran noch eine weitere Attraktion zu bieten. Am 2. August 1995 passiert RB 14569 auf ihrem Weg von Nordhausen nach Artern diese Rarität.

Überbleibsel aus der Dampflokzeit: Wasserkran in Sondershausen.

W

Links: Alles in Handarbeit: Um einen abgestellten Arbeitswagen an den Haken des SKL 25/1 zu bekommen, muß die Drehscheibe in Sondershausen erst einmal mit Muskelkraft bewegt werden.

Wasserthaleben an der KBS 601 hat einen schönen Bahnhof und Formsignale aufzuweisen. Am Nachmittag des 3. August 1995 passierte 202 555-9 mit RB 6661 von Sondershausen nach Erfurt das gepflegte Gebäude.

Die Reichenbacher 232 400-2 mit dem E 3955 passiert in zügiger Fahrt die nördliche Ausfahrtgruppe von Bufleben an der KBS 604 auf ihrem Weg nach Erfurt.

Zum Jahresfahrplan 95/96 wurde die KBS 607 von Friedrichswerth nach Bufleben stillgelegt. Am 4. Mai 1995 verläßt N 14206 den Haltepunkt Warza.

Durch das Bahnhofsgebäude von Wangenheim ist schon lange kein Reisender mehr gegangen. Der einzige, der am 5. Mai 1995 aus dem N 14206 aus- und wieder einstieg, war der Zugführer, der telefonisch die Zugmeldung durchgab.

Wer an den Unterwegsstationen auf der KBS 607 ein- oder aussteigen wollte, mußte dies dem Zugführer mitteilen bzw. sich beim Herannahen des Zuges rechtzeitig bemerkbar machen, waren doch alle Halte nur als Bedarfshalte ausgewiesen. Am 5. Mai 1995 bestand kein Bedarf, und der N 14040 rollte ohne Zwischenstopp durch Brüheim-Sonneborn.

Am 10. Oktober 1995 steht 99 7239-9 vor dem Kohlebansen in Nordhausen und wird für den nächsten Einsatz restauriert. Angesichts der Baggeraufschrift und des Fahnenschmucks könnte man meinen, die Zeit wäre stehengeblieben.

Rechts:
Mit Rangierarbeiten ist 99 7239-9 am 10. Oktober 1995 in Nordhausen-Nord beschäftigt. Es gilt, die Wagengarnitur des eben von Stiege gekommenen N 8995 auf das benachbarte Gleis zu schieben.

Wartungsarbeiten nach dem Einsatz.

Schwerstarbeit bedeutet eine Schicht auf dem Stellwerk Nordhausen West, werden doch alle Signale und Weichen noch mechanisch bedient. Bei der nicht geringen Anzahl von Zug- und Rangierfahrten pro Tag kommt mit Sicherheit keine Langeweile auf. Am 3. August 1995 rangiert 772 162-4 vom Abstellbereich an den Bahnsteig.

99 7239-9

997233-2

Links:
Kurz nach Verlassen des Bahnhofs Ilfeld passiert 99 7233-2 auf ihrem Weg nach Nordhausen-Nord das offensichtlich nicht mehr genutzte Trafohaus am südlichen Ortsausgang.

Um den kostenintensiven Dampfbetrieb auf dem Harzer Schmalspurnetz auf ein Minimum reduzieren zu können, ließ die Deutsche Reichsbahn in den Jahren 1988 und 1990 zehn Maschinen der Baureihe 110.8 zu sechsachsigen Schmalspurlokomotiven (199.8) umbauen. Am 16. Oktober 1995 ist 199 872-3 mit einem Personenzug bei Ilfeld unterwegs.

Mit vereinten Kräften ziehen 99 7231-6 und 99 7241-5 am 14. April 1989 bei Ilfeld den 67093 von Silberhütte nach Nordhausen Nord.

Vorbei an den bereits herbstlich gefärbten Buchen nähert sich 99 7233-2 mit N 8905 dem Haltepunkt Netzkater.

Die beiden Dauerhalt zeigenden Signale sowie die in liebevoller Arbeit restaurierte Drehscheibe wurden ein Opfer der Elektrifizierung der Hauptstrecke Kassel – Halle. Abfahrbereit steht der N 7913 am 3. Mai 1992 in Leinefelde.

Rechts:
Wie lange noch werden rote Schienenbusse am gepflegten Posten 15 in Worbis vorbeifahren? Am 24. Juli 1995 war die Welt an der KBS 599 Leinefelde – Teistungen jedenfalls noch in Ordnung.

Die KBS 603 von Leinefelde nach Geismar war Bestandteil der sogenannten Kanonenbahn von Berlin nach Koblenz. Wegen des schlechten Zustandes des Lengenfelder Viaduktes wurde der Streckenabschnitt von Dingelstädt nach Geismar zum 31. Dezember 1992 für den Gesamtverkehr stillgelegt. Am Nachmittag des 28. Juni 1992 fahren 204 482-4 und der N 14374 mit Schrittgeschwindigkeit über das 38 m hohe und 240 m lange imposante Bauwerk über den Dächern von Lengenfeld unterm Stein.

15
972 765-2

Über die südliche, ortsgestellte Einfahrtweiche von Worbis rumpeln 772 165-7 und 972 765-2 am 24. Juli 1995. Es hat den Anschein, als seien mehr Bahnbedienstete als Fahrgäste an Bord.

Details am ostdeutschen Schienbus: Gummipuffer und Scharfenbergkupplung.

Mittagspause in Worbis.

1945 wurde die Strecke Leinefelde – Wulften durch die Zonengrenze zwischen Duderstadt und Teistungen unterbrochen. Das Teilstück von Leinefelde nach Teistungen wird seit 1950 wieder ganz befahren. Am 7. März 1992 fährt N 18547 aus Worbis aus.

Am 3. Mai 1992 war der N 18545 von Teistungen nach Leinefelde noch lokbespannt und aus 2 Bghw gebildet. Heute verkehren hier Schienenbusse des Bh Nordhausen.

Warten auf bessere Zeiten: 94 238 im Bahnhof Heiligenstadt Ost.

Am 14. Oktober 1990 hat 132 325-2 mit ihrem Nahverkehrszug Ausfahrt aus Heiligenstadt.

Seiner Gleisanlagen beraubt und zum Haltepunkt herabgestuft wurde der ehemalige Bahnhof Arenshausen an der alten Fernverbindungsstrecke Kassel – Halle. Am 21. Juli 1995 war 232 462-2 mit RE 3047 auf dem Weg von Eichenberg nach Erfurt.

Südwärts zur Rhön

Der größte Teil unserer Reise führt über eine der wichtigsten Fernverkehrsstrecken Deutschlands nach dem zweiten Weltkrieg: die »Nord-Süd-Strecke«.

Vor dem zweiten Weltkrieg gehörte die klassische »Nord-Süd-Strecke« nicht zu den dicht belegten Magistralen der Deutschen Reichsbahn. Die Hauptverkehrsströme verliefen in Ost-West-Richtung. Erst durch die Ziehung der Zonengrenze nach 1945 änderten sie sich.

Mittlerweile hat die »Nord-Süd-Strecke« durch die Inbetriebnahme der Neubaustrecke Hannover–Würzburg wieder viel von ihrer zwischenzeitlichen Bedeutung verloren. Im Fernverkehr benutzt nur noch ein IR-Zugpaar die alte Route. Neben den im Stundentakt verkehrenden Regionalexpreßzügen befahren vor allem Durchgangsgüterzüge die Strecke.

Unsere Fahrt nach Süden beginnt in Eichenberg, dem Knotenpunkt zwischen der in Ost-West-Richtung verlaufenden Bahnlinie Kassel–Halle, der »Nord-Süd-Strecke« und der hier abzweigenden und nur noch im Übergabeverkehr bedienten Stichstrecke nach Witzenhausen.

Kurz nach der Abfahrt in Eichenberg erreichen wir den 930 m langen Bebenrothtunnel. Vorbei an den sich gegenüberliegenden Burgen Hanstein und Ludwigstein überquert die Strecke bei Oberrieden auf einer großen Stahlbrücke die Werra. Von nun an folgt sie bis kurz vor Eschwege dem Flußlauf. Nach einer großen Schleife südlich von Sontra wird die traditionelle Eisenbahnerstadt Bebra erreicht.

Der Eisenbahnknotenpunkt Bebra war früher ein bedeutender Brennpunkt und wichtiger Umsteigebahnhof im Ost-West- und Nord-Süd-Verkehr. Die Elektrifizierung der Strecke nach Erfurt hat starke betriebliche Veränderungen mit sich gebracht. Das Umspannen der durchgehenden Züge auf Dieselloks ist überflüssig geworden. Durch die Wiederinbetriebnahme der »Berliner Kurve« fährt ein Teil des Fernverkehrs Bebra nicht mehr an. Auch die Intercities legen keinen Zwischenhalt mehr ein.

Seit dem Frühjahr 1995 ist Bebra um eine weitere Attraktion ärmer. Die früher nördlich des Bahnhofs aufgestellte Schnellzugdampflok 01 1102 wurde vom Sockel geholt und betriebsfähig aufgearbeitet. Sie fährt nun wieder, mit einer Stromlinienverkleidung versehen, in einer nie dagewesenen Zusammenstellung von Bauteilen als eine Art von »Disneyland auf Schienen« durch die Lande.

Nachdem wir Bebra verlassen haben, sind zwei Flüsse bis Fulda unsere Begleiter. Bis Bad Hersfeld folgt die Strecke dem Lauf der Fulda, um danach ins Haunetal zu wechseln.

Die alte Bischofsstadt Fulda ist der Ausgangspunkt für einen Abstecher nach Gersfeld auf der letzten noch verbliebenen Stichstrecke in die Rhön. Nach unserer Rückkehr setzen wir die Fahrt nach Süden fort.

Bei Oberrieden überquert die KBS 613 auf einer großen Stahlbrücke das Werratal. Nach der Vorbeifahrt der 110 300-1 des Bh Hamburg-Langenfelde mit ihrem Autoreisezug am 21. Juli 1995 kehrt schnell wieder Ruhe ein.

Der Bahnhof Eichenberg hat nach der Wiedervereinigung einiges von seiner früheren Bedeutung als Kreuzungsbahnhof zurückgewonnen. Am 21. Juli 1995 treffen sich 112 109-4 mit RE 3961 von Kassel Wilhelmshöhe nach Dessau und 140 115-7 mit RE 3081 auf ihrem Weg von Göttingen nach Bebra. Kurz vorher ist 232 070-3 aus Nordhausen eingetroffen und wartet darauf, umsetzen zu können.

Links: Die Ruine Hanstein oberhalb der Nord-Süd-Strecke bildet am 1. Mai 1990 den Hintergrund für den IR 1683 von Hamburg nach Fulda. Noch ein halbes Jahr vorher lag die Burg innerhalb des unzugänglichen Sperrgebietes der ehemaligen DDR.

Hinter Fulda beginnt der schwierige Anstieg über den Landrücken in die Rhön. Die von Hannover nach Würzburg über Fulda führende Neubaustrecke wird nicht überirdisch durch das topographisch schwierige Gelände geführt, sondern verschwindet bei Kalbach im längsten Tunnel Deutschlands, dem 10,7 km langen Landrückentunnel, und kommt erst bei Mottgers wieder ans Tageslicht.

Wir wählen für unsere Reise die klassische Route und fahren zunächst weiter auf der Nord-Süd-Strecke bis Jossa, wo wir die bayerische Landesgrenze erreichen.

In Jossa zweigt die 1988 für den Personenverkehr stillgelegte, über den bekannten Kurort Bad Brückenau führende Nebenbahn nach Wildflekken ab.

Auf der Rückfahrt von Jossa erreichen wir vorbei an der Ruine Schwarzenfels bei Mottgers den Bahnhof Flieden, wo die nach Frankfurt führende Main-Kinzig-Bahn abzweigt.

Über diese Verbindung kehren wir in die Ausgangsregion unserer Gesamtreise durch die Bundesländer Hessen und Thüringen zurück.

Noch befahren die Züge auf der alten Nord-Süd-Strecke (KBS 613) den Bebenroth-Tunnel bei Oberrieden. Das stark sanierungsbedürftige Bauwerk soll jedoch mittelfristig durch einen parallel führenden Neubau ersetzt werden. (25. Juli 1995)

In Sichtweite zur Ruine Hanstein liegt die Burg Ludwigstein bei Oberrieden, die sich am frühen Vormittag gut mit in südlicher Richtung fahrenden Zügen fotografieren läßt.

Bereits komplett in »IC-Rot« rollt IC 684 »Linderhof« am 1. April 1990 bei Weiden am Ufer der Werra entlang.

Ein Bild aus verkehrsreicheren Zeiten auf der Nord-Süd-Strecke zeigt am 1. April 1990 den IC 573 »Deichgraf« von Westerland nach Basel bei Albungen.

Vorbei an den blühenden Maiwiesen bei Wichmannshausen fährt der FD 1982 »Alpenland« am 5. Mai 1990.

Links: Zwischen Fulda und Bebra verläuft die KBS 605 durch das weite Haunetal. Am 22. Oktober 1995 passierte die neurote 103 102-0 mit dem IC 556 »Gottfried Semper« auf ihrem Weg nach Saarbrücken die kleinen Fischteiche südlich von Neukirchen.

Rechts: In der S-Kurve bei Hermannspiegel kommt die Länge des von der Nürnberger 151 072-6 gezogenen Containerganzzuges besonders gut zur Geltung. Im Gegensatz zum südlich von Fulda gelegenen Streckenteil ist der Güterverkehr hier auch sonntags relativ dicht.

Rechts unten: Auf seinem Weg nach Gersfeld durchfährt 628 438-4 aus der 2. Bauserie den kleinen Ort Schmalnau. Mittlerweile haben die Neubautriebwagen den Schienenbus verdrängt und sind auf den Nebenstrecken präsent.

Unten: Vorbei an dem einzigen an der KBS 616 Fulda – Gersfeld noch vorhandenen Doppeltelegraphenmast erreicht 628 438-4 in Kürze Fulda.

Rechts: Die Vorbeifahrt des RE 3287 auf dem Viadukt in Jossa bietet einen willkommenen Anlaß für eine kleine Pause von der anstrengenden Gartenarbeit. Ansonsten herrscht montags an der einstmals dichtbefahrenen Nord-Süd-Strecke wegen des fehlenden Güterverkehrs eher Langeweile.

Links: Ein wenig Abwechslung in den eher eintönigen Betriebsablauf auf der Neubaustrecke brachte am 9. Oktober 1995 der »kleine« ICE. Auf einer Meßfahrt nach Fulda überquert er den Viadukt bei Kalbach.

Links unten: Am Morgen des 20. April 1988 gibt der Zugführer des E 3171 das Zeichen zur Abfahrt nach Würzburg. 110 102-1 war damals die älteste 110 im blauen Farbkleid. Mittlerweile ist sie neurot lackiert.

Vorbei an der Ruine Schwarzenfels zieht die 151 065-0 am 9. Oktober 1995 ihren Güterzug durch die herbstlich gefärbten Wälder der Rhön. Seit einer großen Umbeheimatungsaktion sind sämtliche noch vorhandenen grünen 151 beim Bh Nürnberg Rbf. stationiert.

Der Morgensonne und drei wartenden Fahrgästen am Bahnsteig von Altengronau-Süd entgegen rollt N 5174 am 20. April 1988. Zum Sommerfahrplan 1988 ist die Strecke von Jossa nach Bad Brückenau für den Personenverkehr stillgelegt worden.

Mit 3 Wagen im Schlepp hat 211 324-9 mit ihrer Üg 68154 von Jossa nach Bad Brückenau soeben Altengronau-Süd verlassen.

Das spartanische anmutende Schaltpult des Uerdinger Schienenbusses.

Neuer Zug auf alter Strecke: Am 17. August 1991 taucht der ICE 691 »Hölderlin« auf seiner Fahrt von Hamburg nach München aus dem Dunkel des 1909 bezeichneten Schlüchterner Tunnels wieder auf.

Stattliche 12 Wagen lang ist der D 457 von Frankfurt/Main nach Frankfurt/Oder am 17. August 1991. Die 110 163-3 wird ihren Zug bis Bebra bringen. Dort übernimmt ihn dann eine Diesellok der Baureihe 132.

Übersichtskarte